Mi
Primer
Libro de
Palabras

KINGFISHER

NEW YORK

KINGFISHER
a Houghton Mifflin Company imprint
215 Park Avenue South
New York, New York 10003
www.houghtonmifflinbooks.com

First published in 2002
2 4 6 8 10 9 7 5 3 1

1TR/0502/TIMS/(FR)/150MA

LIBRARY OF CONGRESS CATALOGING-IN-PUBLICATION DATA
has been applied for.

ISBN 0-7534-5542-0

Printed in China

Editor: Camilla Reid
Spanish Translation: Dileri Johnston
Spanish Translation Editor: Sarah Snavely
Senior Designer: Sarah Goodwin
DTP Operator: Primrose Burton
Illustrator: Mandy Stanley
Educational Consultant: Dr. Jeni Riley

Índice

Sugerencias a padres

La manera ideal de ayudar a su hijo a aprender a leer es compartiendo un libro favorito. Este primer libro de palabras, atractivamente ilustrado, será una ayuda inestimable para observar, discutir e identificar objetos cotidianos, a la vez que ayudará a desarrollar las habilidades necesarias para empezar a leer y creará confianza en los lectores principiantes.

A los niños más jóvenes les divertirá hojear el libro, señalando los objetos que reconocen. Anímelos a que platiquen todo lo que sepan acerca de cada dibujo. Trate de elogiar los esfuerzos del niño, aun cuando se equivoque. El libro puede ayudar a los pequeños a aprender acerca de las palabras escritas y habladas, y de la relación entre ambas. Esto es un paso importante en las primeras etapas del aprendizaje.

Cuando lea este libro con su hijo, le sugerimos seguir los pasos enumerados en la siguiente página. Trate de crear un ambiente relajado y deje que el niño trabaje a su propio ritmo. Sobre todo, recuerde que para crear una experiencia educativa provechosa, también debe ser divertida.

1. Apunte a los objetos en cada página. Diga el nombre de cada objeto y luego pida al niño que lo repita. Después de varias lecturas, él ó ella podrá decir las palabras sin su ayuda.

2. Diga la palabra al mismo tiempo que señala la palabra escrita junto a cada objeto. Anime al niño a pasar su dedo sobre la palabra escrita al decirla. Esto le ayudará a entender que la palabra hablada tiene un equivalente escrito.

3. Escoja una palabra escrita y pida al niño que encuentre la misma palabra en la lista que se encuentra al pie de cada página. Esto enseña al niño a reconocer la forma de la palabra, una habilidad esencial en el aprendizaje de la lectura. Al principio el niño pensará que las palabras son todas similares, pero eventualmente usted podrá enseñarle la forma y las características de cada letra.

4. Anime al niño a que identifique las palabras por su sonido o letra inicial. Así, él ó ella logrará entender que una letra (o conjunto de letras) representa un sonido dentro de una palabra, por ejemplo "br" en brazo.

¡Disfrute la lectura!

Jeni Riley

Jeni Riley M.A., Ph.D., Directora de Educación Primaria
Instituto de Pedagogía, Universidad de Londres, Inglaterra

¿Qué hay en tu cuarto?

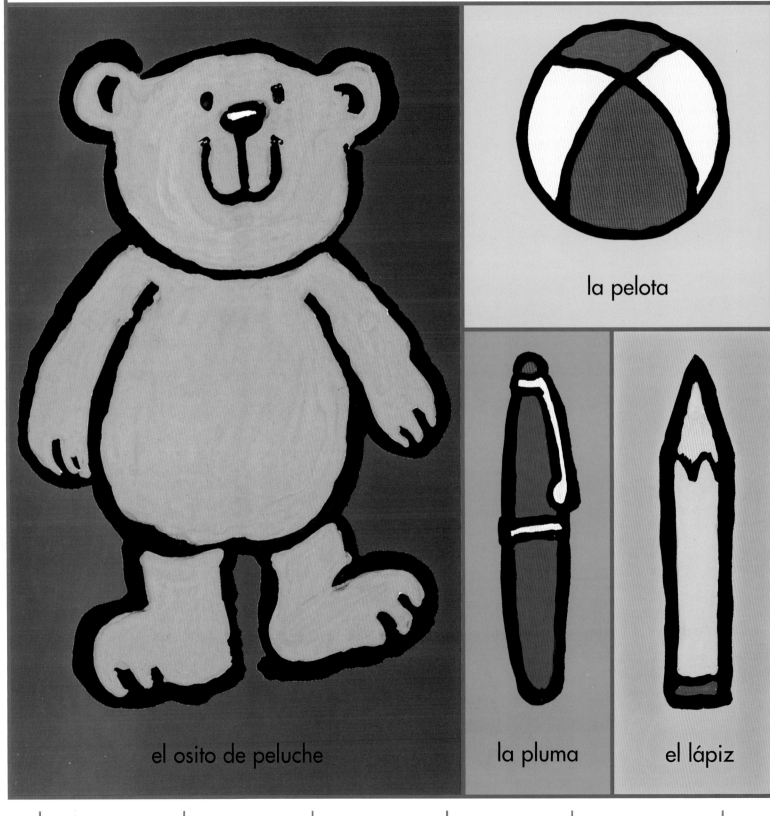

el osito de peluche

la pelota

la pluma

el lápiz

la	la	la	el	la	el
lámpara	pluma	cama	peine	muñeca	yo-yo

la cama

la lámpara

el yo-yo

la alfombra

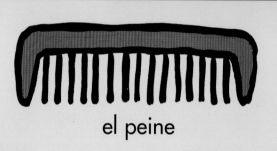

el peine

7

la cometa

el libro

la muñeca

| la cometa | la pelota | el lápiz | la alfombra | el libro | el osito de peluche |

¿Qué hay en la cocina?

el tenedor

el cuchillo

la cuchara

la plancha

el plato

el tazón

la cuchara
el trapeador
el babero
el frasco
la estera
el sartén

el frasco

el sartén

el trapeador

el babero

la estera

la taza

| la taza | el tenedor | el tazón | la plancha | el plato | el cuchillo |

Es hora del baño

la tina

el patito

la esponja

la toalla

el
cepillo de dientes

el
lavabo

la
bacinica

la
puerta

el
jabón

el lavabo

la puerta

el espejo

la bacinica

la pasta de dientes

el jabón

el cepillo de dientes

11

la
tina

la
pasta de dientes

el
espejo

el
patito

la
toalla

la
esponja

Es hora de vestirse

la camiseta

la falda

los jeans

los tenis

los calcetines

el
suéter

los
zapatos

la
gorra

la
camiseta

la
falda

los
guantes

el abrigo

los guantes

el suéter

los zapatos

el cinturón

la gorra

la bufanda

los tenis   la bufanda   el cinturón   los jeans   los calcetines   el abrigo

Apunta a esta parte del cuerpo

la nariz

el dedo del pie

la espalda

la barbilla

la oreja   la espalda   la nariz   la mano   la rodilla   el pie

la oreja

el cabello

el pie

la mano

el brazo

la pierna

el ojo

la rodilla

el
cabello

el
ojo

el
brazo

la
pierna

la
barbilla

el
dedo del pie

¿Qué te gusta comer?

la piña

el pan

el plátano

la naranja

el huevo

el pay

la
paleta

la
fresa

la
zanahoria

el
pan

el
queso

el
pay

el jamón

la zanahoria

el queso

la manzana

la fresa

la paleta

¿Qué hay en el jardín?

la mariposa

la babosa

el rastrillo

la hormiga

la mariquita

| el gusano | la telaraña | la rana | la hormiga | la puerta | la mariposa |

el pájaro

la puerta

la telaraña

la hoja

el nido

la rana

el gusano

| la babosa | la mariquita | el rastrillo | el nido | el pájaro | la hoja |

Vamos al parque

el cochecito

el perro

el estanque

el cajón de arena

la
flor

el
árbol

el
triciclo

los
patines

el
subibaja

el
estanque

20

la flor

el columpio

los patines

el triciclo

el árbol

el tobogán

el subibaja

| el columpio | el cajón de arena | el perro | el cochecito | el tobogán |

Hay mucho que hacer en la escuela

la maestra

la mesa

las pinturas

el pincel

| los cubos | la mochila | el pizarrón | la silla | la mesa |

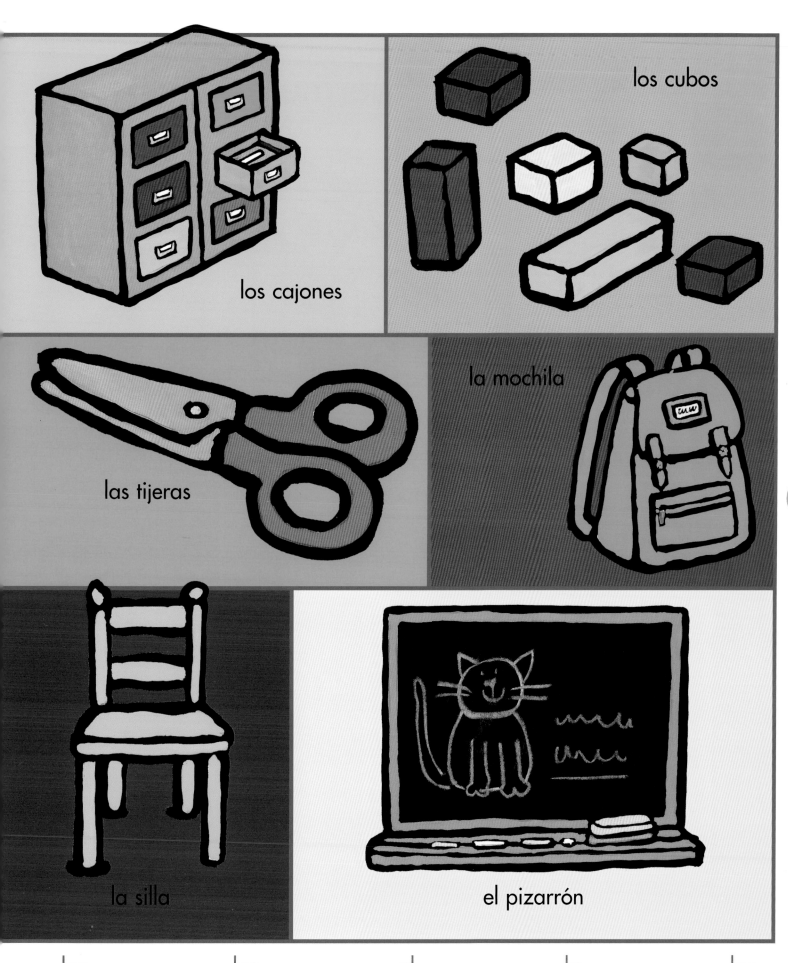

los cajones

los cubos

las tijeras

la mochila

la silla

el pizarrón

23

las
pinturas

las
tijeras

el
pincel

la
maestra

los
cajones

Vamos al supermercado

la leche

la mermelada

el carrito

la cajera

la caja   el monedero   la lata   el jugo   la caja registradora   el dinero

las verduras

la bolsa

la caja

la lata

la caja registradora

el jugo

el monedero

el dinero

25

las verduras   la bolsa   la cajera   la leche   el carrito   la mermelada

Vamos a una fiesta

el pastel

la velita

el globo

el regalo

el sándwich

el pito

26

el
moño

la
velita

los
dulces

el
sombrero

el
regalo

la gelatina

el moño

los dulces

el sombrero

el popote

el
popote

el
pastel

el
globo

el
sándwich

el
pito

la
gelatina

¿Quiénes son estas personas?

la mujer

la niña

el hombre

el niño

el bebé

la niña   el payaso   la enfermera   el hombre   la bailarina   el espía

el veterinario

el cocinero

la bailarina

el payaso

el espía

la dentista

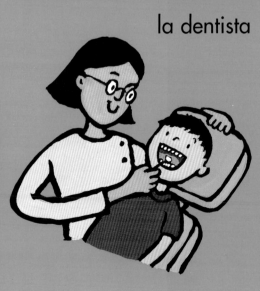

la enfermera

el	el	la	el	el	la
cocinero	bebé	dentista	niño	veterinario	mujer

Cosas que se mueven

el barco

el cohete

el coche

el avión

el autobús

la moto   el tren   la bici   el cohete   el camión   el coche

la bici

el bote

el globo

el camión

la moto

el tren

el
bote

el
barco

el
globo

el
autobús

el
avión

Un día en la granja

el tractor

la cabra

el granero

el cerdo

el toro

el	la	la	el	el	el
gato	oveja	casa	granjero	pollito	toro

la casa

el pollito

el granjero

el becerro

la oveja

la vaca

el gato

| la cabra | el becerro | el cerdo | el granero | la vaca | el tractor |

¿En dónde viven estos animales?

el tigre

el lobo

el cisne

el venado

el	el	el	el	la	el
oso	loro	venado	tigre	foca	mono

el mono

el loro

el oso

el zorro

el elefante

la foca

el tucán

la cebra

la
cebra

el
zorro

el
elefante

el
lobo

el
cisne

el
tucán

A divertirnos en la playa

la estrella
de mar

el mar

las chanclas

el pez

el yate

el
mar

el
balde

el
cangrejo

la
concha

el
pez

el
castillo de arena

la anguila

el castillo de arena

el
cangrejo

la pala

la red

el balde

la concha

la
red

la
pala

el
yate

las
chanclas

la
anguila

la
estrella de mar

¿Cómo está el tiempo?

el sol

el granizo

el relámpago

la niebla

la lluvia

| la tormenta | el viento | el hielo | el granizo | la nube | el sol |

el hielo

la nieve

la luna

la nube

el viento

la tormenta

la	la	el	la	la
lluvia	luna	relámpago	nieve	niebla

¿Qué sonido hacen?

pum pum

el tambor

el caballo

clip clop

la abeja

zum zum

din dan

la campana

guau guau

el perro

el ratón   la víbora   el cordero   la abeja   la trompeta   el león

rin
rin

el teléfono

la víbora

sis
sis

chir
chir

el ratón

baa baa

el cordero

ruar
ruar

el león

tu tu

la trompeta

el buho

jú
jú

la
campana

el
buho

el
caballo

el
tambor

el
teléfono

el
perro

¿Sabes el nombre de estas formas?

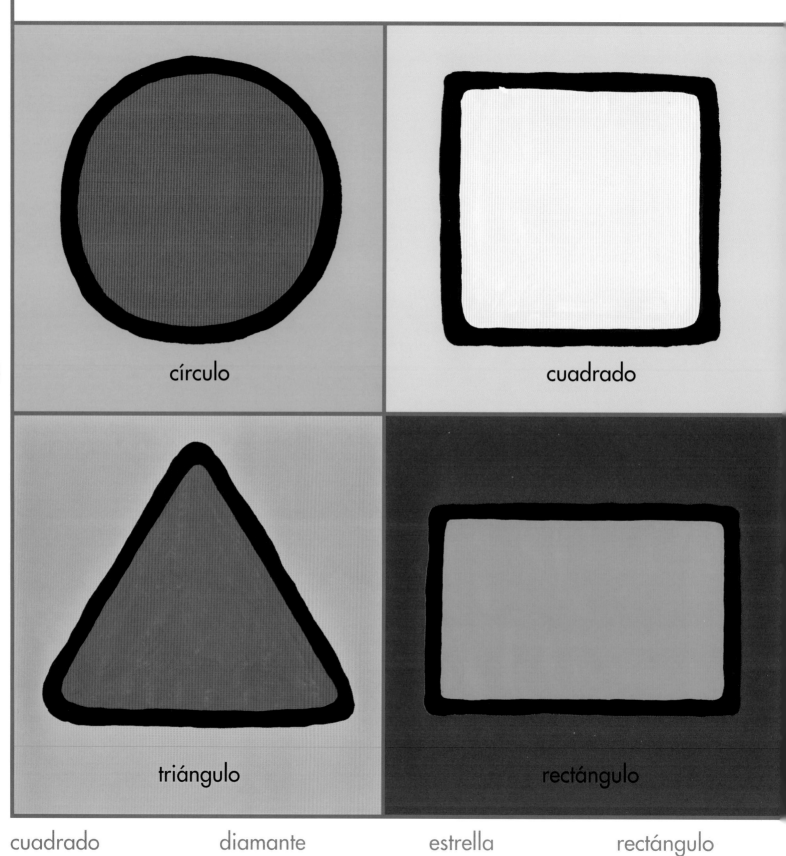

círculo

cuadrado

triángulo

rectángulo

cuadrado   diamante   estrella   rectángulo

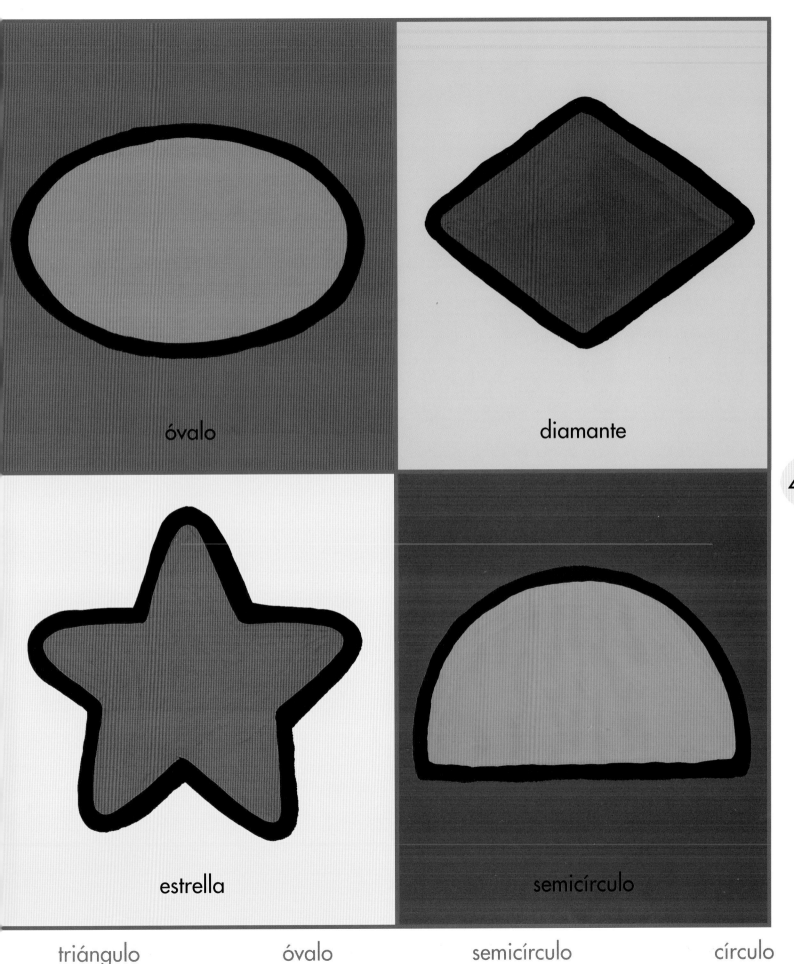

óvalo

diamante

estrella

semicírculo

triángulo óvalo semicírculo círculo

Todo lo contrario

gordo

viejo

joven

flaco

lento

rápido

grande   joven   arriba   flaco   rápido   bajo

arriba

abajo

alto

bajo

grande

pequeño

lento   pequeño   alto   gordo   viejo   abajo

¿Cuál es tu color favorito?

negro

amarillo

azul

verde

blanco   café   rosa   amarillo   naranja